Dedicado a:

_____

Por:

_____

Fecha:

_____

El Perdón

"La Falta de Perdón"

El Perdón
"La Falta de Perdón"

Guillermo Maldonado

Nuestra Visión

Alimentar espiritualmente al pueblo de Dios por medio de enseñanzas, libros y prédicas; y expandir la palabra de Dios a todos los confines de la tierra.

El Perdón

Tercera edición 2006

ISBN-10: 1-59272-033-1
ISBN-13: 978-1-59272-033-0

Portada y diseño interior por:
ERJ Publicaciones - Departamento de Diseño

Publicado por:
ERJ Publicaciones
13651 SW 143 Ct., Suite 101, Miami, FL 33186
Tel: (305) 233-3325 – Fax: (305) 675-5770

Categoría:
Sanidad Interior "El Perdón"

Impreso en Colombia

Dedicatoria

Dedico este libro a mi familia, a mi esposa Ana, a mis hijos Ronald y Bryan, quienes me inspiran a seguir adelante en el ministerio; y además, constituyen el tesoro más grande que Dios me ha dado después de Él.

Agradecimiento

Es mi deseo agradecer al grupo de intercesores de la iglesia, los cuales han orado e intercedido para que esta obra pueda salir y bendecir a millones de personas alrededor del mundo.

Agradezco, también, a mi equipo de trabajo del Departamento de Publicaciones de El Rey Jesús, quienes cada día dan lo mejor de sí para llevar excelencia al pueblo de Dios en el material literario. ¡Gracias, muchachos!

Índice

¿Qué significa la palabra ofensa?
Debemos tener en cuenta tres cosas importantísimas
acerca de las ofensas
¿Cuáles son las señales en una persona
que tiene falta de perdón?
¿Qué hace una persona que está ofendida?

¿Qué no es el Perdón?
¿Qué es el Perdón?
La falta de Perdón
¿De qué nos perdonó Jesús?
Las consecuencias de no perdonar

¿Qué hay que hacer cuando nos ofenden
o nos hieren?
¿El perdón es un sentimiento o una decisión
del corazón?
¿Qué debemos hacer con aquellos que
nos ofenden o nos hieren continuamente?
¿Después de haber perdonado, ¿debemos tener
una relación cercana con la persona?
¿El tiempo borra las ofensas y las heridas?

¿Qué hay que hacer con aquellos que
no aceptan nuestro perdón?
¿Cómo sabemos si hemos perdonado?
¿Quiénes son los que más nos ofenden?

Prefacio

No hay persona que pueda escaparse de las ofensas, por lo que en algún momento de su vida tendrá que enfrentarse con la decisión trascendental de perdonar o no. Si queremos experimentar vidas fructíferas, es mejor que tomemos este asunto más en serio, especialmente porque tiene consecuencias que marcarán nuestras vidas de forma profunda y definitiva, aquí y en la eternidad.

Por ser *El Perdón* un tópico muy importante, es que se ha escrito este libro, que de una forma sencilla y clara, le permitirá conocer detalladamente cómo manejar las ofensas de forma positiva e incorporar el perdón como un estilo de vida.

Creo firmemente que, mediante el estudio profundo de este libro, el Espíritu Santo lo llevará a autoevaluarse y le permitirá detectar sus debilidades en esta área para que pueda mejorar. Es nuestra oración a Dios que usted sea bendecido y animado a practicarlo en su relación con las demás personas.

Introducción

Hemos visto que la falta de perdón es una epidemia que existe en el mundo y en la iglesia de Jesucristo. A los lugares que he ido, siempre he encontrado que más de la mitad de la iglesia vive con falta de perdón, y por esta razón, la iglesia está caminando en miseria y en derrota. Es necesario hablar de este problema más a menudo, ya que hay un sinnúmero de creyentes nuevos que no saben nada al respecto. Hay otros a los que se les ha ministrado liberación y sanidad interior, pero como no sabían lo que estaban haciendo, no fueron totalmente libres.

CAPÍTULO I

¿Cómo comienza
la falta de perdón?

Toda falta de perdón comienza con una ofensa. La ofensa es la semilla que el enemigo usa para desarrollar raíces de amargura en el corazón de las personas; y si éstas se albergan interiormente, pueden llegar a formar un árbol grande. En algún momento, hemos sido ofendidos por alguien. Jesús habló que era necesario que las ofensas vinieran.

En la siguiente cita bíblica, encontramos que Jesús habla de tropiezos, que también se traduce como ofensas.

"¹En aquel tiempo los discípulos vinieron a Jesús, diciendo: ¿Quién es el mayor en el reino de los cielos? ²Y llamando Jesús a un niño, lo puso en medio de ellos, ³y dijo: De cierto os digo, que si no os volvéis y os hacéis como niños, no entraréis en el reino de los cielos. ⁴Así que, cualquiera que se humille como este niño, ése es el mayor en el reino de los cielos. ⁵Y cualquiera que reciba en mi nombre a un niño como este, a mí me recibe. ⁶Y cualquiera que haga tropezar a alguno de estos pequeños que creen en mí, mejor le fuera que se le colgase al cuello una piedra de molino de asno, y que se le hundiese en lo profundo del mar. ⁷¡Ay del mundo por los tropiezos! porque es necesario que vengan tropiezos, pero ¡ay de aquel hombre por

quien viene el tropiezo! ⁸Por tanto, si tu mano o tu pie te es ocasión de caer, córtalo y échalo de ti; mejor te es entrar en la vida cojo o manco, que teniendo dos manos o dos pies ser echado en el fuego eterno". Mateo 18.1-8

Veamos en el siguiente diagrama, cómo una ofensa nos afecta si no tratamos con ella adecuadamente:

Ofensa ➤ Resentimiento ➤ Falta de perdón ➤ Raíz de amargura ➤ Odio ➤ Muerte espiritual ➤ Muerte física

¿Cómo llega una ofensa al corazón de una persona?

En algún momento, todos hemos sido ofendidos y hemos ofendido a alguien. Cuando esto sucede, debemos tener cuidado de lidiar de forma efectiva con esa ofensa inmediatamente, porque sino podemos terminar amargados.

"²Porque todos ofendemos muchas veces. Si alguno no ofende en palabra, éste es varón perfecto, capaz también de refrenar todo el cuerpo". Santiago 3.2

Observemos algunos ejemplos, por los cuales nos ofendemos:

- No nos tomaron en cuenta.
- Alguien habló mal de nosotros.
- Algo que se hizo y se dijo en contra de nosotros.
- Alguien tuvo una mala actitud hacia nosotros.

- Alguien no nos trató como nosotros creíamos que merecíamos ser tratados.
- Algún sermón que nos ofendió y lo tomamos personal.
- Alguien que nos traicionó.
- Algo que se dejó de hacer por nosotros.
- Una promesa que se nos hizo y no se cumplió.
- Un saludo que nos negó alguien.
- Algo que se nos fue quitado.
- Alguien nos abusó verbal, física y emocionalmente.
- Alguien nos abusó sexualmente.

¿Qué significa la palabra ofensa?

Ofensa es la palabra griega "*skandalón*" que significa trampa, tropiezo, carnada. En la antigüedad, la palabra "*skandalón*" se usaba para describir una carnada. Ésta era colocada en un vástago curveado con una vara flexible para cazar animales. La palabra llega a denotar un lazo o piedra de tropiezo. Por ejemplo: el pescador pone un pescado en la caña de pescar como trampa para atraer el pez, pero con el pescado, hay una punta o una aguja que se llama anzuelo, para que cuando el pez muerda, se le introduzca en su interior.

Podemos ver otro ejemplo en el caso del ratón y la carnada. Para matar el ratón, solamente se le pone un poquito de veneno en la comida regular; y cuando éste la ingiere, el poquito de veneno es suficiente para matarlo. Hay muchas personas que cayeron en la trampa del enemigo, pues mordieron la carnada, se envenenaron y ahora se están muriendo poco a poco. Alguien los ofendió, no perdonaron y por eso, su alma está envenenada y necesitan ser libres.

"26...y escapen del lazo del diablo, en que están cautivos a voluntad de él". 2 Timoteo 2.26

¿Cómo aplicamos el término ofensa o "skandalón" a nuestras vidas?

El enemigo usa personas para que nos ofendan. Por lo que, cada vez que alguien nos ofende, estamos ante una trampa, una carnada que causará un tropiezo en nuestra vida. Es una trampa, comparable también, a una jeringa grande y llena de veneno, el cual una vez inyectado, se va directo al corazón. Esto tiene como propósito destruir su vida espiritual, envenenar su alma, traerle amargura, para finalmente, llevarlo a un sentimiento de odio que lo consuma.

Hay dos tipos de personas ofendidas:

a. Aquellas que han sido tratadas injustamente.
b. Aquellas que creen que han sido tratadas injustamente.

Si usted tiene algún área en la cual se ofende fácilmente, téngalo por seguro que el enemigo, maliciosamente, pondrá a alguien en el camino asegurándose de que le ofenda en esa área débil.

¿Le ha pasado alguna vez que se ha alejado de una persona para que no le hiera en un área y cuando se mueve a otro lugar, encuentra a otra que también le ofende? ¿Se muda de iglesia huyendo de esa ofensa y va a otra iglesia y encuentra otra persona que le ofende?

Por mucho que trate de huir, siempre el enemigo traerá a alguien a su vida para ofenderle. La solución es aprender a perdonar y a madurar. El enemigo buscará la forma de que usted caiga en la trampa y muerda la carnada. Muchos se ofenderán entre sí, y esto será una señal del último tiempo.

"¹⁰Muchos tropezarán entonces, y se entregarán unos a otros, y unos a otros se aborrecerán". Mateo 24.10

Debemos tener en cuenta tres cosas importantísimas acerca de las ofensas:

1. Las ofensas siempre van a venir a nuestra vida.

"¹Dijo Jesús a sus discípulos: Imposible es que no vengan tropiezos; mas ¡ay de aquel por quien vienen! ²Mejor le fuera que se le atase al cuello una piedra de molino y se le arrojase al mar, que hacer tropezar a uno de estos pequeñitos. ³Mirad por vosotros mismos. Si tu hermano pecare contra ti, repréndele; y si se arrepintiere, perdónale. ⁴Y si siete veces al día pecare contra ti, y siete veces

*al día volviere a ti, diciendo: Me arrepiento;
perdónale". Lucas 17.1-4*

No importa a dónde vaya, con quién vaya, no
importa si trata de esconderse o levantar muros en
su vida, las ofensas siempre van a venir. La única
manera para que usted no sea ofendido es que se
vaya al cielo con el Señor. Las ofensas son parte de
la vida. En algún momento, alguien nos va a
ofender y nos sentiremos heridos, pero la pregunta
es: ¿permaneceremos con esa ofensa o con esa
herida? No, siempre hay solución. Hay personas
que creen que huir es la mejor solución, pero
realmente no es así. Tenemos que aprender a lidiar
con las heridas y las ofensas, y aprender a vivir el
perdón como un estilo de vida.

2. **Las ofensas o los tropiezos son necesarios para el
crecimiento y la madurez espiritual.**

*"6Y cualquiera que haga tropezar a alguno de estos
pequeños que creen en mí, mejor le fuera que se le
colgase al cuello una piedra de molino de asno, y
que se le hundiese en lo profundo del mar. 7¡Ay del
mundo por los tropiezos! porque es necesario que
vengan tropiezos, pero ¡ay de aquel hombre por
quien viene el tropiezo!" Mateo 18.6, 7*

Dios usa estas ofensas para llevarnos a crecer
espiritualmente. Lo que el enemigo quiere usar
para destruirnos, Dios lo torna en un instrumento

para madurarnos. Por ejemplo, cuando las personas cercanas a usted se convierten en judas o traidores.

Los judas son necesarios. Hay personas que han llegado a nuestra vida y nos han traicionado. Esas han sido nuestros judas, y pareciera mentira, pero esas personas nos hacen crecer. Los judas existen en la vida de cada hijo de Dios, cada creyente no solamente tiene un judas, sino que lo necesita desesperadamente para llevar a cabo los tratos de Dios en su vida y así alcanzar madurez. Algunos de estos "amigos judas" son los que causan más dolor, hieren y traicionan. Por medio de ellos, la voluntad de Dios es ejecutada. No creo que Dios nos manda los judas, pero sí creo que el enemigo los envía y Dios los usa para que crezcamos espiritualmente. Judas no fue un error, fue escogido y elegido por Jesús como uno de sus discípulos y su papel fue crucial para la muerte y la resurrección de Jesús. Todos queremos estar rodeados de amigos como Juan, Pedro y como aquellos que dormían en el pecho de Jesús. Sin embargo, cuando más se necesitan, no están a nuestro lado. Sé que algunos ven a Judas como el que no sirvió para nada, como el ladrón del dinero, pero cambiemos la perspectiva y veámoslo como el instrumento para ejecutar determinada obra. En el caso nuestro, los judas son para que desarrollemos la madurez aunque nos causen dolor y quebranto.

3. **Las ofensas son una manifestación de los que son aprobados.**

"¹⁹Porque es preciso que entre vosotros haya disensiones, para que se hagan manifiestos entre vosotros los que son aprobados". 1 Corintios 11.19

Uno que no está aprobado no puede perdonar y huye, pero el que es hijo y es corregido, pasa el examen de las ofensas y permanece. Por lo tanto, vemos que las ofensas vendrán siempre, son necesarias y se manifiestan en los que están con nosotros.

¿Cuáles son las señales en una persona que tiene falta de perdón?

* **Pensamientos de venganza en su mente.** Cuando una persona está herida, sale juicio e ira de su boca y continuos pensamientos de venganza. A menudo, tiene pensamientos malos en contra de esa persona. Algunas veces, le vienen imágenes mentales de cómo se va a vengar y de males que quisiera que le pasaran a la persona. Si hay alguien que nos ofendió, la palabra de Dios nos enseña a no tomar venganza por nosotros mismos. Debemos aprender a dejar que Dios sea el que tome venganza por nosotros. *"³⁰Pues conocemos al que dijo: Mía es la venganza, yo daré el pago, dice el Señor. Y otra vez: El Señor juzgará a su pueblo". Hebreos 10.30*

- **Alegría en su corazón si algo malo le sucede a la persona que le ofendió.** Algunas veces, no lo decimos con nuestra boca, pero nos alegramos en nuestro corazón por el mal del otro. Ésta es una señal de que hay falta de perdón en nosotros.

- **Siente dolor en el corazón.** Cuando se recuerda de la persona y de lo que le hizo, le causa sufrimiento.

- **Cuando le cuenta a todo el mundo lo que le hicieron;** es decir, que en cualquier conversación, sale el problema.

- **Cuando tiene síntomas fisiológicos.** Por ejemplo, cuando se menciona el nombre de la persona y le da mareo, la ve y no puede respirar, ve el carro de esa persona y le dan dolores en el pecho. Cualquiera de estos síntomas son señales de la falta de perdón.

- **Pensar en que su oponente no tiene ninguna cualidad.** Algunas veces, pensamos que las personas son 100 por ciento malas y no es así. La gente siempre tiene algo bueno. El 90 por ciento de las veces, las personas no tenían la intención de herirle; pero, lo hicieron, ya sea por distracción o ignorancia.

Con frecuencia, el celo, la envidia, la ira y el juicio son parte de la falta de perdón. Estas cosas se esconden sutilmente y, a veces, son muy difíciles de detectar.

¿Qué debemos hacer cuando somos ofendidos?

"²⁶Airaos, pero no pequéis; no se ponga el sol sobre vuestro enojo...". Efesios 4.26

Entre más tiempo usted guarde esa ofensa en el corazón, más difícil se le hará perdonar. Si no lidiamos con la ofensa en el momento de la ira, esto irá creciendo por etapas hasta convertirse en odio.

Ofensa ➤ Resentimiento ➤ Falta de perdón ➤ Raíz de amargura ➤ Odio ➤ Muerte espiritual ➤ Muerte física y emocional

Por ejemplo, Absalón tuvo una ofensa por largo tiempo en su corazón que lo llevó a matar a su hermano Amnón y después, a traicionar a su padre, tal como lo podemos leer en las Sagradas Escrituras.

"¹Aconteció después de esto, que teniendo Absalón hijo de David una hermana hermosa que se llamaba Tamar, se enamoró de ella Amnón hijo de David. ²²Mas Absalón no habló con Amnón ni malo ni bueno; aunque Absalón aborrecía a Amnón, porque había forzado a Tamar su hermana. ²⁸Y Absalón había dado orden a sus criados, diciendo: Os ruego que miréis cuando el corazón de Amnón esté alegre por el vino; y al decir yo: Herid a Amnón, entonces matadle, y no temáis, pues yo os lo he mandado. Esforzaos, pues, y sed valientes". 2 Samuel 13.1, 22, 28

"¹Aconteció después de esto, que Absalón se hizo de carros y caballos, y cincuenta hombres que corriesen delante de él. ²Y se levantaba Absalón de mañana, y se ponía a un lado del camino junto a la puerta; y a cualquiera que tenía pleito y venía al rey a juicio, Absalón le llamaba y le decía: ¿De qué ciudad eres? Y él respondía: Tu siervo es de una de las tribus de Israel. ³Entonces Absalón le decía: Mira, tus palabras son buenas y justas; mas no tienes quien te oiga de parte del rey. ⁴Y decía Absalón: ¡Quién me pusiera por juez en la tierra, para que viniesen a mí todos los que tienen pleito o negocio, que yo les haría justicia! ⁵Y acontecía que cuando alguno se acercaba para inclinarse a él, él extendía la mano y lo tomaba, y lo besaba. ⁶De esta manera hacía con todos los israelitas que venían al rey a juicio; y así robaba Absalón el corazón de los de Israel". 2 Samuel 15.1-6

Absalón se ofendió porque su padre David no hizo nada cuando su hermano Amnón violó a su hermana Tamar. Esperó dos años y su padre no hizo nada al respecto. Una ofensa contra su padre lo llevó a matar a su hermano y, después, a traicionar a su padre. A muchos líderes y creyentes en las iglesias, les ocurre lo mismo. Es decir, existen algunos hogares donde los padres e hijos se matan físicamente, se juzgan y se critican el uno al otro por la falta de perdón; llegan a hacer cosas que son más graves que las mismas ofensas.

¿Qué hace una persona que está ofendida?

"¹⁹El hermano ofendido es más tenaz que una ciudad fuerte, y las contiendas de los hermanos son como cerrojos de alcázar". Proverbios 18.19

"¹⁹No os venguéis vosotros mismos, amados míos, sino dejad lugar a la ira de Dios; porque escrito está: Mía es la venganza, yo pagaré, dice el Señor. ²⁰Así que, si tu enemigo tuviere hambre, dale de comer; si tuviere sed, dale de beber; pues haciendo esto, ascuas de fuego amontonarás sobre su cabeza". Romanos 12.19, 20

Un hermano ofendido empieza a levantar paredes de protección, cierra su corazón a las personas, no confía en nadie, siempre está sospechoso de todo el mundo, no abre su corazón a nadie, se está muriendo por dentro y no comparte lo que le sucede. Además, tiene muy pocos amigos porque está rodeado de murallas y no hay nadie que compenetre con él.

Usa expresiones, tales como:

- Todos los hombres son malos y todas las mujeres son iguales.
- Por eso, yo no me involucro en la iglesia con nada.
- Nunca me someto a nadie porque mi padre me trató mal.
- El matrimonio es una mentira.

- Todos los pastores son unos sinvergüenzas.
- Yo nunca confiaré en nadie.

Una persona ofendida tiende a generalizar una raza o nacionalidad al creer que todas las personas son iguales, debido a una mala experiencia que tuvo con alguna persona.

Cuando una persona está herida y ofendida, tiende a juzgar rápidamente y hace votos secretos con su boca; eso le lleva a enredarce con los dichos de su boca.

¿Cómo puede pasarme algo así?

"[19]Y les respondió José: No temáis; ¿acaso estoy yo en lugar de Dios? [20]Vosotros pensasteis mal contra mí, mas Dios lo encaminó a bien, para hacer lo que vemos hoy, para mantener en vida a mucho pueblo".
Génesis 50.19, 20

Anteriormente, se hizo referencia a dos categorías de personas ofendidas. Recordemos cuáles son:

1. Aquellas que fueron ofendidas y tratadas de forma injusta.

2. Aquellas que creen que han sido tratadas injustamente.

Hablemos de la primera categoría. José era el hijo undécimo de Jacob, y era su hijo favorito porque lo había tenido en su vejez. Jacob le hizo una túnica de varios colores a José, lo que provocó que sus hermanos lo despreciaran.

"³Y amaba Israel a José más que a todos sus hijos, porque lo había tenido en su vejez; y le hizo una túnica de diversos colores". Génesis 37.3

Dios le dio a José dos sueños, mostrándole que sus hermanos se iban a inclinar a él. Como resultado, sus hermanos le tuvieron envidia, lo vendieron como esclavo y lo tiraron en una cisterna. José pasó 15 años de rechazo, soledad y sufrimiento injusto para su vida. En el idioma común, diríamos: "sin comerla, ni beberla" sufrió injustamente.

Analicemos rápidamente las situaciones más sobresalientes en la vida de este gran hombre de Dios:

* Fue vendido por sus hermanos y rechazado por su padre injustamente. También, fue acusado por la esposa de Potifar y enviado a prisión. Luego, sube al trono por saber interpretarle sueños a Faraón. En una situación difícil de gran hambre en la tierra, sus hermanos vienen a él. A pesar de que José fue tratado injustamente, él aprendió a lidiar con la ofensa. Veamos cómo lo hizo.

"⁵Ahora, pues, no os entristezcáis, ni os pese de haberme vendido acá; porque para preservación

de vida me envió Dios delante de vosotros. ⁶Pues ya ha habido dos años de hambre en medio de la tierra, y aún quedan cinco años en los cuales ni habrá arada ni siega. ⁷Y Dios me envió delante de vosotros, para preservaros posteridad sobre la tierra, y para daros vida por medio de gran liberación. ⁸Así, pues, no me enviasteis acá vosotros, sino Dios, que me ha puesto por padre de Faraón y por señor de toda su casa, y por gobernador en toda la tierra de Egipto".
Génesis 45.5-8

José define el propósito por el cual él vino a Egipto. Cualquier otra persona se hubiese amargado con todo lo que sufrió injustamente, pero él decidió perdonar a sus hermanos y a todos aquellos que lo hirieron.

¿Por qué razón José tuvo que pasar por toda esa injusticia?

Aunque no lo crea, era el plan de Dios para llevarlo luego a ser el gobernador de Egipto. Algunas veces, Dios nos permite experimentar traiciones, rechazos y sufrimientos injustos, porque Él quiere llevarnos de la cisterna al palacio, así como lo hizo con José. Si usted ha pasado por cosas muy difíciles en su vida, tómelo como un plan de Dios para cumplir el llamado de Dios en su vida.

Es más fácil perdonar las acciones de un hombre cuando se sabe que son el propósito de Dios.

Leamos lo que le dice José a su hermano acerca de esto. *"²⁰Vosotros pensasteis mal contra mí, mas Dios lo encaminó a bien, para hacer lo que vemos hoy, para mantener en vida a mucho pueblo". Génesis 50.20*

José dijo: "ustedes pensaron que tirándome en la cisterna habían acabado conmigo, y pensaron que vendiéndome habían destruido mi vida, mas Dios puso su mano y todo lo tornó en bendición". La victoria consistió en que José decidió perdonar a sus hermanos y Dios le dio la bendición. Ahora es el momento para que decida perdonar a aquellos que le ofendieron. No importa lo que le hayan hecho, más le hicieron a Jesús y Él les perdonó. Dios le ayudará si usted decide perdonar hoy mismo.

Entresaque de todo lo malo algo bueno.

"¹⁹Por tanto, así dijo Jehová: Si te convirtieres, yo te restauraré, y delante de mí estarás; y si entresacares lo precioso de lo vil, serás como mi boca. Conviértanse ellos a ti, y tú no te conviertas a ellos". Jeremías 15.19

Recuerde lo que estábamos estudiando desde un principio. Los judas siempre vendrán a nuestra vida, pero hay algo bueno que aprendemos de ellos. Aprendamos a sacar algo bueno de todo ese abuso emocional, físico y sexual. Aprendamos a sacar algo bueno de la traición de ese amigo o amiga. Entresaque algo precioso de esa herida y la Palabra le promete que Dios le restaurará.

CAPÍTULO II

¿Qué es el perdón?

Antes de estudiar lo que es el perdón, estudiaremos lo que no es el perdón.

¿Qué no es el Perdón?

El perdón no es tratar de olvidar lo que sucedió, negar una ofensa que nos han hecho, dejar que el tiempo borre lo ocurrido, ignorar lo que sucedió, ni es perdonar con la mente solamente. Recuerde que el perdón no es un sentimiento.

¿Qué es el perdón?

El perdón es soltar, dejar ir una persona que nos ha ofendido, soltar a alguien que nos causó daño, cancelar una deuda pendiente que alguien nos debe.

El perdón es un tópico que enseño periódicamente en la iglesia, porque la falta de perdón es una epidemia en el cuerpo de Cristo y en el mundo. Hoy día, hay miles de personas enfermas de cáncer, úlceras y otras enfermedades; inclusive han muerto, y todo esto es causado por la falta de perdón y la amargura.

Por ejemplo, el caso del pez que no es limpiado. Cuando un pescador va de pesca y agarra los pescados, lo primero que hace es sacarles las vísceras y las escamas, los limpia de todo aquello que les pueda producir mal olor, antes de guardarlos en el refrigerador. Notemos que primero los limpia de impurezas y después los guarda. Hay muchos creyentes que recibieron al Señor y, después de ser salvos, nunca fueron limpios y nunca se les sacaron las vísceras ni las escamas. Hoy día, después de muchos años, esos creyentes todavía arrastran heridas, ofensas, falta de perdón, rechazo y culpabilidad, porque nunca fueron limpios por medio de la sanidad interior y la liberación. Por lo tanto, es necesario que todo creyente pase por sanidad interior y liberación.

La falta de perdón

Éste es uno de los obstáculos más grandes de la oración. He visto un sinnúmero de creyentes frustrados y desanimados porque ninguna de sus peticiones son contestadas y viven en una miseria espiritual continua. La razón número uno es la falta de perdón. Hay diferentes nombres dados a la falta de perdón, tales como: la ofensa, el resentimiento, estar molesto, ofendido, resentido, enojado, tener algo contra alguien o sentirse herido.

"25Y cuando estéis orando, perdonad, si tenéis algo contra alguno, para que también vuestro Padre que está en los cielos os perdone a vosotros vuestras ofensas". Marcos 11.25

¿Qué fue lo que Jesús habló acerca de estar enojado o molesto contra un hermano?

"22Pero yo os digo que cualquiera que se enoje contra su hermano, será culpable de juicio; y cualquiera que diga: Necio, a su hermano, será culpable ante el concilio; y cualquiera que le diga: Fatuo, quedará expuesto al infierno de fuego". Mateo 5.22

La Biblia Amplificada nos dice: "pero yo digo que cualquiera que continuamente esté enojado (ofendido, molesto, herido, resentido) contra su hermano, o abrigue malicia, será encontrado responsable y no podrá escapar del castigo impuesto por la corte. Y a aquel que hable con desprecio y con insulto a su hermano, será responsable y no podrá escapar del castigo impuesto por el sanedrín. Y a aquel que le dice a su hermano: necio, estúpido, y que es presuntuoso, engreído, jactancioso, petulante, vanidoso, será encontrado responsable y no podrá escapar del infierno de fuego".

La falta de perdón, la ofensa, la molestia, la herida o el resentimiento son la guillotina de sus oraciones. Dios le pone contra la pared y le quiere decir: si no deja ir ese dolor, esa malicia, esa ofensa, esa herida, ese resentimiento de su corazón, yo no lo perdono y tampoco oigo sus oraciones. Los cielos son de "bronce" para el creyente que tiene falta de perdón en su corazón. La falta de perdón corta nuestra comunión con Dios. Él no puede oír nuestras oraciones si tenemos enojo contra alguien. ¿Por qué es que Dios no perdona nuestras faltas cuando no perdonamos a otros? Veamos lo que Jesús dice en cuanto a esto:

"²¹Entonces se le acercó Pedro y le dijo: Señor, ¿cuántas veces perdonaré a mi hermano que peque contra mí? ¿Hasta siete? ²²Jesús le dijo: No te digo hasta siete, sino aun hasta setenta veces siete. ²³Por lo cual el reino de los cielos es semejante a un rey que quiso hacer cuentas con sus siervos. ²⁴Y comenzando a hacer cuentas, le fue presentado uno que le debía diez mil talentos. ²⁵A éste, como no pudo pagar, ordenó su señor venderle, y a su mujer e hijos, y todo lo que tenía, para que se le pagase la deuda. ²⁶Entonces aquel siervo, postrado, le suplicaba, diciendo: Señor, ten paciencia conmigo, y yo te lo pagaré todo. ²⁷El señor de aquel siervo, movido a misericordia, le soltó y le perdonó la deuda. ²⁸Pero saliendo aquel siervo, halló a uno de sus consiervos, que le debía cien denarios; y asiendo de él, le ahogaba, diciendo: Págame lo que me debes. ²⁹Entonces su consiervo, postrándose a sus pies, le rogaba diciendo: Ten paciencia conmigo, y yo te lo pagaré todo. ³⁰Mas él no quiso, sino fue y le echó en la cárcel, hasta que pagase la deuda. ³¹Viendo sus consiervos lo que pasaba, se entristecieron mucho, y fueron y refirieron a su señor todo lo que había pasado. ³²Entonces, llamándole su señor, le dijo: Siervo malvado, toda aquella deuda te perdoné, porque me rogaste. ³³No debías tú también tener

misericordia de tu consiervo, como yo tuve misericordia de ti? ³⁴Entonces su señor, enojado, le entregó a los verdugos, hasta que pagase todo lo que le debía. ³⁵Así también mi Padre celestial hará con vosotros si no perdonáis de todo corazón cada uno a su hermano sus ofensas". Mateo 18.21-35

¡Hay tantas cosas importantes en esta narración de Jesús...! Para ese tiempo, un talento era una cantidad de dinero en oro o plata que se utilizaba para pesar oro. Un talento era equivalente a 75 libras aproximadamente y 10,000 talentos es igual a 750,000 libras que es lo mismo que 375 toneladas. Hoy día, el costo de una onza de oro es de 375.00 dólares aproximadamente. En el mercado de hoy, un talento de oro es igual a 450,000.00 dólares. Entonces, 10,000 talentos de oro es igual a 4.5 billones de dólares. El siervo le debía a su amo 4.5 billones de dólares. Jesucristo enfatiza que su siervo tiene una deuda que nunca podrá ser pagada. Eso mismo sucedió con nosotros, ya que todos teníamos una deuda que nunca la hubiésemos pagado.

"²⁵A éste, como no pudo pagar, ordenó su señor venderle, y a su mujer e hijos, y todo lo que tenía, para que se le pagase la deuda. ²⁶Entonces aquel siervo, postrado, le suplicaba, diciendo: Señor, ten paciencia conmigo, y yo te lo pagaré todo. ²⁷El señor de aquel siervo, movido a misericordia, le soltó y le perdonó la deuda". Mateo 18.25-27

Pero Jesús, al pagar la deuda, canceló el acta de decretos que había en contra nuestra.

"13Y a vosotros, estando muertos en pecados y en la incircuncisión de vuestra carne, os dio vida juntamente con él, perdonándoos todos los pecados, 14anulando el acta de los decretos que había contra nosotros, que nos era contraria, quitándola de en medio y clavándola en la cruz…". Colosenses 2.13, 14

Ilustración acerca de los pecados de una persona

Según los psicólogos, por nuestra mente pasan 10.000 pensamientos diarios. Vamos a suponer que de esos 10.000 pensamientos, tres sean malos, pensando que ese alguien sea muy "santo". Si multiplicamos esos tres pecados por 365 días al año, serían 1,095 pecados aproximadamente en el año. Si usted en este momento tiene 50 años, ¿cuántos serían sus pecados hasta el día de hoy? …serían miles. Quiero dejarle saber que Jesús le perdonó esos miles de pecados. Si se presentara en una corte con mil faltas de tránsito, ¿qué usted cree que le diría el juez?… ¡su sentencia sería la cárcel!

"28Pero saliendo aquel siervo, halló a uno de sus consiervos, que le debía cien denarios; y asiendo de él, le ahogaba, diciendo: Págame lo que me debes. Mateo 18.28

¿Qué era un denario? Un denario era aproximadamente el salario diario de un obrero de hoy día. Esto sería 52 dólares aproximadamente. Así que, 100 denarios era igual a 5,200 dólares hoy día.

"29Entonces su consiervo, postrándose a sus pies, le rogaba diciendo: Ten paciencia conmigo, y yo te lo pagaré todo". Mateo 18.29

Hay una gran diferencia entre 4.5 billones de dólares que el siervo debía a su amo y 5,200 dólares que le debía su consiervo. Así era la deuda de nosotros con Dios: imposible de pagar. Cargábamos con miles de pecado, pero Dios nos los perdonó. A lo mejor, alguien lo ha tratado mal, pero eso no se compara con lo que hemos pecado en contra de Dios. Miles de pecados contra unas cuantas ofensas, no es nada. La persona que no puede perdonar se le ha olvidado cuántos pecados Jesús le perdonó. Según la edad que teníamos algunos de nosotros cuando le conocimos, así era el número de pecados cometidos; algunos fueron 10.000, otros 15.000 y otros 40.000. ¡Cómo no vamos a perdonar a aquellos que nos han ofendido veinte o treinta veces!

¿De qué nos perdonó Jesús?

- De la condenación eterna.
- De todos nuestros pecados.
- De todas nuestras iniquidades.
- Del tormento eterno en el infierno y de la muerte.

"³¹Viendo sus consiervos lo que pasaba, se entristecieron mucho, y fueron y refirieron a su señor todo lo que había pasado. ³²Entonces, llamándole su señor, le dijo: Siervo malvado, toda aquella deuda te perdoné, porque me rogaste. ³³No debías tú también tener misericordia de tu consiervo, como yo tuve misericordia de ti? ³⁴Entonces su señor, enojado, le entregó a los verdugos, hasta que pagase todo lo que le debía. ³⁵Así también mi Padre celestial hará con vosotros si no perdonáis de todo corazón cada uno a su hermano sus ofensas". Mateo 18.31-35

De estos versos, podemos concluir lo siguiente:

- El siervo que no perdonó fue entregado a tortura por su señor.

- El siervo que no perdonó tuvo que pagar la deuda original de 4.5 billones de dólares. Se le requirió que hiciera lo que no podía. Es como si tratáramos de pagar la deuda que Jesús pagó en la cruz del Calvario; o como pagar algo imposible por nuestra propia salvación.

- Dios, el Padre, hará lo mismo con cualquier creyente que no perdone a su hermano: Lo entregará a los verdugos o atormentadores (demonios). Éstos son los que causan aflicción y angustia a las personas que no perdonan.

¿Qué es tortura? Tortura se define como agonía del cuerpo o de la mente. Es un dolor intenso que causa castigo. Dios le da permiso a los demonios para infligir dolor y torturar al cuerpo y a la mente de aquellas personas que no perdonan a sus ofensores.

He orado por personas que no pueden recibir sanidad, liberación o prosperidad porque tienen falta de perdón en contra de alguien. Cada vez que usted no perdona, "será enviado a la prisión a pagar todo lo que debe".

"20Pues ¿qué gloria es, si pecando sois abofeteados, y lo soportáis? Mas si haciendo lo bueno sufrís, y lo soportáis, esto ciertamente es aprobado delante de Dios. 21Pues para esto fuisteis llamados; porque también Cristo padeció por nosotros, dejándonos ejemplo, para que sigáis sus pisadas...".
1 Pedro 2.20, 21

Debemos aprender de Jesús, quien fue crucificado y abatido injustamente, y sin embargo, perdonó; debemos seguir sus pisadas.

El perdonar es una decisión del corazón y no un sentimiento. Por lo tanto, no espere sentir algo para perdonar.

Las consecuencias de no perdonar

• **Es desobediencia a Dios.** El perdón es un acto de nuestra voluntad. Nosotros decidimos perdonar porque es un mandato de Dios. Si no perdonamos, no seremos perdonados.

- **El enemigo toma ventaja en nuestra vida.** La falta de perdón es una puerta abierta al enemigo que destruye nuestro hogar, nuestras finanzas, nuestra salud, entre otros.

"¹¹...para que Satanás no gane ventaja alguna sobre nosotros; pues no ignoramos sus maquinaciones". 2 Corintios 2.11

Muchas personas no saben perdonar, porque ellos mismos no han perdonado su pasado. Por eso, es necesario entender que Dios perdona al que se arrepiente.

- **Nuestras oraciones son estorbadas.** La falta de perdón corta la comunión con Dios, y su presencia no fluye en nosotros. Jesús nos exhorta a dejar lo que hacemos para arreglar primero nuestras cuentas pendientes con la persona que nos ofendió.

"²⁵Y cuando estéis orando, perdonad, si tenéis algo contra alguno, para que también vuestro Padre que está en los cielos os perdone a vosotros vuestras ofensas". Marcos 11.25

- **Dios no recibe nuestras ofrendas.** Toda ofrenda a Dios es un sacrificio vivo, y Dios no puede recibir un sacrificio que viene de un corazón con falta de perdón. Esto viene a ser abominable delante de sus ojos. Algunos creyentes se preguntan por qué no prosperan si siempre diezman y ofrendan. Analice su vida y verifique si hay falta de perdón en contra de alguien.

"²³Por tanto, si traes tu ofrenda al altar, y allí te acuerdas de que tu hermano tiene algo contra ti...". Mateo 5.23

- **Dios nos entregará a los verdugos (demonios).** La falta de perdón es uno de los atrayentes más grandes para los demonios. Cada vez que los demonios le recuerden lo que la persona ofensora le hizo, lo harán para torturar su mente. La palabra verdugos, en el idioma griego, significa "atormentadores", que no son otra cosa que los demonios. Si Dios lo entrega a ellos, Él es el único que puede librarlo.

"³⁵Así también mi Padre celestial hará con vosotros si no perdonáis de todo corazón cada uno a su hermano sus ofensas". Mateo 18.35

- **La fe es anulada.** Es imposible creerle a Dios cuando estamos heridos. De una sola fuente, no pueden fluir fe y resentimiento al mismo tiempo. Por mucho que se esfuerce en creer la palabra de Dios en su corazón o en confesarla con su boca, no puede actuar en fe. La falta de perdón bloquea su corazón y no le deja creer.

- **El amor será anulado.** La falta de perdón corta el fluir del amor de Dios en nosotros, porque no se puede amar y odiar al mismo tiempo. Por eso, en una relación, si no se sanan las heridas, no fluirá el amor de Dios en su plenitud. Algunas veces, usted escucha decir a ciertos cónyuges: "ya no le amo más", y no es que no le ame, sino que se siente tan herido que esa falta de perdón opaca el amor que le tiene.

La persona que no perdona siempre será una perdedora. Las heridas más grandes que usted reciba no serán ocasionadas por personas ajenas a su entorno; sino por aquellas más cercanas a las que tanto ama y aprecia.

* **Dios no nos perdona.** Si no perdonamos a aquellos que nos ofenden, tampoco Dios nos perdonará. Como decíamos anteriormente, el Señor nos lleva contra la pared a tal grado, que si no perdonamos, Él tampoco nos perdonará. Dios nos puede dejar pasar algunas faltas, especialmente cuando somos inmaduros, pero Él nunca nos dejará pasar la falta de perdón por ningún motivo.

"14Porque si perdonáis a los hombres sus ofensas, os perdonará también a vosotros vuestro Padre celestial...". Mateo 6.14

CAPÍTULO III

El perdón como estilo de vida

En la siguiente narración, podemos observar la respuesta que Jesús le dio a Pedro cuando éste preguntó el número de veces que debía perdonar.

"¹Dijo Jesús a sus discípulos: Imposible es que no vengan tropiezos; mas ¡ay de aquel por quien vienen! ²Mejor le fuera que se le atase al cuello una piedra de molino y se le arrojase al mar, que hacer tropezar a uno de estos pequeñitos. ³Mirad por vosotros mismos. Si tu hermano pecare contra ti, repréndele; y si se arrepintiere, perdónale. ⁴Y si siete veces al día pecare contra ti, y siete veces al día volviere a ti, diciendo: Me arrepiento; perdónale. ⁵Dijeron los apóstoles al Señor: Auméntanos la fe". Lucas 17.1-5

"²¹Entonces se le acercó Pedro y le dijo: Señor, ¿cuántas veces perdonaré a mi hermano que peque contra mí? ¿Hasta siete? ²²Jesús le dijo: No te digo hasta siete, sino aun hasta setenta veces siete". Mateo 18.21, 22

La multiplicación 70 veces siete es equivalente a 490 veces diarias. Yo creo que nadie es capaz de perdonar ese número de veces. Por lo tanto, lo que Jesús nos está dando a entender es que si usted cuenta cada vez que perdona a alguien, entonces quiere decir que no perdonó con todo el corazón. La otra cosa que Jesús nos está enseñando con esta multiplicación es que el perdón debe ser un estilo de vida.

Cada creyente debe armarse con este pensamiento: el perdón es para mí un estilo de vida, no importa quién me hiera, ni cuántas veces me ofendan yo siempre estaré listo para perdonar en todo momento. "Jesucristo me perdonó una deuda de 4.5 billones de dólares, cómo no voy a pedonar a aquellos que me deben unos cuantos dólares". Una de las virtudes de un creyente maduro es que sabe perdonar fácilmente. Cuando usted no guarda rencor contra alguien, su corazón está limpio para que Dios le bendiga siempre.

A continuación, analizaremos algunas preguntas que nos ayudarán a incorporar el perdón como un estilo de vida. En ocasiones, hemos perdonado a aquellos que nos han ofendido, pero viene alguien más que nos ofende, y no sabemos qué hacer.

¿Qué hay que hacer cuando nos ofenden o nos hieren?

- Perdone tan pronto como sea posible.

"26Airaos, pero no pequéis; no se ponga el sol sobre vuestro enojo...". Efesios 4.26

La Biblia Amplificada dice de la siguente manera:

«Cuando te enojes, no peques, y nunca dejes que tu ira, tu ofensa, tu resentimiento, tu herida o tu molestia, furia o indignación, dure hasta que el sol se oculte».

Lo que la Palabra nos está diciendo es que no debemos esperar a que pase el día sin antes haber perdonado a quienes nos ofenden. Éste es un principio que siempre deben practicar los matrimonios. Cuando se ofendan el uno al otro, es importante que hagan un pacto o un convenio de que nunca se irán a la cama sin antes pedirse perdón. También, este mismo principio lo debemos aplicar a cualquier otra relación interpersonal. No esperemos que el día pase sin antes pedir perdón o perdonar a quien nos ha ofendido.

¿Es el perdón un sentimiento o una decisión del corazón?

- Es una decisión del corazón que no está basada en sentimientos o en emociones.

"[35]Así también mi Padre celestial hará con vosotros si no perdonáis de todo corazón cada uno a su hermano sus ofensas". Mateo 18.35

La palabra de Dios es clara cuando nos habla de que debemos perdonar con todo el corazón. Si usted espera sentir algo, nunca perdonará. Esto tiene que ser un acto de fe. Aunque tenga malos sentimientos contra esa persona y piense que no se merece el perdón, tiene que hacerlo por fe y decidir perdonarla.

¿Será una hipocresía perdonar sin sentirlo?

No, en lo absoluto, porque la Palabra nos da un mandamiento de perdonarnos los unos a los otros y nunca nos dice que lo hagamos cuando lo sintamos. Tenemos que perdonar, ya sea que lo sintamos o no.

¿Qué debemos hacer con aquellos que nos ofenden o nos hieren continuamente?

Algunos consejos prácticos acerca de esto:

* Tenga el perdón como un estilo de vida.
* Trate de no tener una relación cercana con él o con ella. Si hay alguien que le ofende continuamente y usted ya lo ha perdonado muchas veces, es necesario que se aparte físicamente de él o de ella para evitar ser herido otra vez.

¿Después de haber perdonado, debemos tener una relación cercana con la persona?

* No necesariamente. Algunos creyentes se sienten culpables porque creen que por el hecho de que hayan perdonado a una persona, tienen que estar

cerca de ella para completar el perdón, y ese pensamiento está incorrecto.

¿El tiempo borra las ofensas y las heridas?

- No. El tiempo no borra las ofensas ni las heridas, al contrario, si dejamos que esa ofensa eche raíz en nuestro corazón durante un largo período de tiempo, se nos hará más difícil perdonar. El único que sana y borra nuestras heridas es Jesús, y esto sucede cuando perdonamos de todo corazón.

¿Quién debe tomar la iniciativa de pedir perdón, el ofendido o el ofensor?

- Ambos. Sé que algunas personas creen que el ofensor es el que debe pedir perdón primero, pero en Cristo, ambos tienen que ir y buscar el perdón.

¿La persona tiene que estar presente físicamente para pedirle perdón?

- No necesariamente. Si nos arrepentimos y lo confesamos delante de Dios, seremos sanados y perdonados por el Señor. La persona no necesariamente tiene que estar presente. Por ejemplo, si yo tuviera malos sentimientos contra un pastor por alguna u otra razón, no tendría que ir siempre a él y decirle que me perdone; simplemente voy a Dios, confieso mis malos sentimientos y se acabó.

Algunas veces, sí es necesario ir y hacerlo personalmente, pero no todo el tiempo.

¿Qué hay que hacer con aquellos que no aceptan nuestro perdón?

- Una vez que usted haya pedido perdón y la persona no quiere aceptarlo, ya no es un problema suyo, pero sí de esa persona con el Señor. Usted ya cumplió con ese individuo y está libre delante de Dios.

¿Cómo sabemos si hemos perdonado?

- La manera más fácil de saber si ya hemos perdonado, es que cuando nos acordamos de la persona y de las cosas que nos hizo, y ya no nos duele. Hay que tener en cuenta que no tenemos la habilidad de borrar las cosas de la mente como Dios la tiene. Vamos a recordar, pero no nos dolerá. Podemos escuchar a la persona hablar del problema y tampoco nos dolerá.

¿Quiénes son los que más nos ofenden?

- Las personas que están más cerca de nosotros y las que más amamos. El amor verdadero siempre está expuesto a ser herido. Al que ama de verdad, siempre lo van a herir. Nosotros herimos a Dios todos los días, pero el Señor nos sigue amando.

Nunca deje de amar solamente porque tuvo una mala experiencia con alguien. Perdone y siga amando, porque el que ama es feliz y bienaventurado.

No levante "paredes" porque un día le dio el corazón a alguien y éste le ofendió. Usted tiene que tener el perdón como un estilo de vida, siga amando y Dios lo bendecirá.

¿Cómo perdonamos de todo corazón?

• Perdone de todo corazón como un acto de su propia voluntad. Como mencionamos anteriormente, el perdón no es un sentimiento sino un mandato. Decida hacerlo ahora mismo y Dios se encargará del resto.

• Pida perdón a Dios por el pecado de juicio. Cuando una persona tiene falta de perdón y su corazón está herido, de su boca saldrá ira, celo, enojo, envidia, juicio y otras cosas más.

• Haga una lista de personas y cosas que lo han herido durante toda la vida.

• Exprese su perdón en forma verbal. La palabra confesaos es *"extereologeo"* en el griego, que significa expresar los dolores del alma, por medio de confesar a Dios con la boca los pecados. Su dolor interior sanará en la medida que usted exprese su perdón verbalmente.

"16Confesaos vuestras ofensas unos a otros, y orad unos por otros, para que seáis sanados. La oración eficaz del justo puede mucho". Santiago 5.16

- Renuncie a todo espíritu de odio, amargura y resentimiento.

- Pídale al Señor que sane sus heridas causadas por las ofensas.

- Bendiga y ore por aquellos que le ofendieron.

Haga esta oración y repítala en voz alta con todo su corazón:

"Padre celestial, yo decido perdonar con todo mi corazón a todas las personas que me han herido y ofendido.

Me arrepiento con todo mi corazón por guardar rencor, ofensa, resentimiento, falta de perdón, odio en mi corazón contra _____ (nombre). Yo me arrepiento por haber juzgado a _____ (nombre). Ahora mismo yo, voluntariamente, perdono a _____ (haga una lista con los nombres); los perdono con todo mi corazón.

Renuncio a todo espíritu de falta de perdón, odio, amargura, resentimiento y lo echo fuera de mi vida. Señor, sana mis heridas, amén. Ahora, Señor, oro y bendigo a _____ (nombre). Te pido, Padre, que bendigas a esas personas y a su familia. Ahora me declaro libre y sano de mis heridas. ¡Amén!

Testimonios

A continuación, encontrarán algunos testimonios de personas que el Señor las ha hecho libres de la falta de perdón por medio de algunas intercesoras y ministros de liberación.

Testimonio 1: La oración modelo que nuestro Señor Jesucristo nos legó en Mateo 6.12 dice: «...y perdónanos nuestras deudas así como nosotros perdonamos a nuestros deudores». Este versículo nos revela la imperiosa importancia de la necesidad de perdonar.

Si perdonamos un diez por ciento, recibiremos del Padre un diez por ciento de su perdón. Si perdonamos un 100 por ciento, entonces recibiremos la victoria sobre una de las armas más usadas por el enemigo de nuestras almas: la falta de perdón.

En los años de pertenecer al ministerio de liberación de nuestra Iglesia El Rey Jesús, he podido experimentar y gozarme con las personas que han sido liberadas por el poder del Espíritu Santo al tomar la decisión de perdonar.

Recuerdo una joven de apenas 17 años de edad, que por haber sido abusada sexualmente por su padre una y otra vez a temprana edad (de 5 a 12 años), la falta de perdón, mezclada con el odio hacia su padre, envenenaron su corazón. Dejó de ser una niña que jugaba con muñecas para convertirse en una niña triste. Vivía aterrorizada cuando caía la noche, porque sabía que pronto aparecería por la puerta de su cuarto la figura de un hombre al que ella llamaba papá y odiaba al mismo tiempo.

La liberación fue fuerte. A esa joven le costó mucho perdonar, pero cuando se rindió, el Espíritu Santo pudo obrar hasta las fibras más profundas de su corazón. Ella fue liberada del odio, del resentimiento y de la falta de perdón hacia su padre. Hoy día sirve y adora al Señor en nuestra iglesia. Cuando miro su rostro, veo a la niña que ha vuelto a sonreír y a amar...

...iy todo fue por haber tomado la decisión de PERDONAR! ¡Gloria a Dios!

Testimonio 2: En una de las citas, tuve la oportunidad de ministrar a una señora de aproximadamente 35 años. Esta señora tuvo un pasado muy triste debido a que su familia era extremadamente pobre. Vivía junto a sus quince hermanos, siendo ella la número diez. Ella nació con un problema de habla y tenía una deformidad en sus labios, la cual le causaba mucho complejo. Lo que más le dolía era que sus propios hermanos, incluyendo su mamá, se burlaban de ella y, a la vez, la rechazaban.

Cuando llegamos a la parte de falta de perdón, donde ella tenía que exteriorizar todo su dolor, fue cuando ella comenzó a llorar. Expresar su pasado fue tan duro para ella que nunca se lo llegó a contar a alguien. Me dijo que mientras crecía junto con sus hermanos, trabajando desde muy niña para aportar a la economía de su casa, dos de sus hermanos mayores la empezaron a maltratar física y verbalmente. Al cumplir los 9 años, empezaron a abusar físicamente de ella, haciéndola experimentar muchas cosas vergonzosas, tales como: orgías con otras personas, incluyendo mujeres y aun amistades de su propia familia. Así pasaban días de sufrimiento, porque no podía hablar con nadie, ya que la amenazaban constantemente.

Pasaron diez años hasta que ella tomó valor y decidió decirle a su mamá lo que pasaba, pero su mamá no le creyó y lo que hizo fue darle golpes, supuestamente, por atreverse a levantar tal calumnia en contra de sus propios hermanos. Ahí fue cuando su mamá decidió separarla de la familia y la envió a los Estados Unidos sin nada y completamente sola.

Ella cuenta que la relación con su mamá nunca fue buena porque constantemente le decía que se arrepentía de que hubiera nacido, que la odiaba, que era la vergüenza de la familia y otras frases más. Todo esto fue creando en el corazón de la joven mucho resentimiento, el cual la llevó a sentir un odio profundo, primeramente, por sí misma por la vida que llevaba y, obviamente, hacia estas personas que le causaron tanto daño.

Luego, transcurrieron algunos años en que ella se le desapareció a la familia y no mantuvo contacto con nadie. Durante ese tiempo, llegó a conocer a Jesús como su Salvador. Llegó el día en que ella decidió pasar por sanidad interior y liberación. En el momento que comenzó a hablar de todo su pasado, su corazón comenzó a ablandarse nuevamente. Había vivido por mucho tiempo con sus emociones endurecidas por la falta de perdón. La etapa donde ella tenía que decidir perdonar, se le hizo muy difícil. Sentía que no podía ni siquiera mencionar sus nombres, pero el Espíritu Santo tomó control y ella quedó completamente libre.

Hoy día es una mujer restaurada. Después de la liberación, ella misma me contó que sintió tanta compasión y misericordia que decidió llamar a su familia. Habló con su mamá y le contó lo que había pasado. El saber que su hija la había perdonado fue un impacto tan grande para su mamá, que decidió recibir también al Señor como su Salvador, y eventualmente, lo hizo toda su familia.

Testimonio 3: Verdaderamente, Dios es el Sanador de nuestro corazón y de nuestra alma. ¡Qué difícil, pero no imposible, se le hace al Señor liberarnos cuando hay falta de perdón en nuestro corazón contra alguien!

Hace unos meses atrás, ministré liberación a una joven de 16 años. Ésta había sido abusada sexual y verbalmente por su padre, quien se encontraba influenciado por el alcohol. La niña nunca recibió afecto ni calor humano por parte de su madre ni de su padre. La falta de perdón contra su padre era tan grande que cuando le ministraba y le pedía que cerrara sus ojos para que se imaginara a su padre y le expresara su perdón, me decía que no podía hacerlo porque lo veía como un monstruo. A raíz de su falta de perdón, se le hizo imposible llamarle a Dios "papi" cuando se dirigía a Él en oración. La falta de perdón le impidió por completo encontrar el amor del "maravilloso Padre" que tenemos en nuestro Señor. Pero, el brazo de Dios es de misericordia y su poder es mayor y más poderoso que cualquier cosa.

De momento, durante la ministración, el Espíritu Santo le comenzó a ministrar con el amor de Dios y todo ese resentimiento se desapareció. Dios la hizo verdaderamente libre, logrando que ella perdonara a su padre y sintiera el amor del Padre Celestial.

Testimonio 4: Quiero compartir una experiencia que tuve con una hermana de unos 35 años de edad. Vino en busca de ayuda, y quería ser ministrada para obtener sanidad interior y liberación. Esta hermana, cuando tenía la edad de 8 años fue abusada sexualmente por su padre. Ella odiaba cuando llegaba la noche, porque era el momento de estar a solas con su papá y él empezaba a abusarla. Luego, a la edad de 13 años, se fue a vivir a la casa de un primo, el cual también la violó. Él abusó de ella durante un año, y como la amenazaba, ella se mantuvo callada de su situación.

Aproximadamente, a los 16 años de edad, ella se casó y tuvo tres hijos. Su hijo mayor, a la edad de 7 años, fue violado por su abuelo, el padre de ella. Imagínese cómo estaba el corazón de esta hermana. Cuando empecé a decirle que renunciara a toda falta de perdón, no podía abrir su boca ni pronunciar el nombre de él. De inmediato, eché fuera todo espíritu de falta de perdón, resentimiento, odio y raíz de amargura en el nombre de Jesús. El Señor en su Palabra nos dice que Él vino para deshacer todas las obras de Satanás, y estos espíritus que les acabo de mencionar son obras del diablo.

Con la ayuda de Jesús, la hermana pudo perdonar a su padre y a todos aquellos que le habían causado daño, ¡porque Él pagó un precio muy grande en la cruz del Calvario por todos! Hoy día, esta hermana se encuentra gozosa trabajando en nuestro ministerio.

Testimonio 5: Cuando hablamos de la falta de perdón, posiblemente, hablamos de una de las trampas más grandes de Satanás para los creyentes, por medio de la cual muchos creyentes están atados al odio, a la amargura y hasta a enfermedades.

Recuerdo uno de los casos, en los que ministré sanidad interior y liberación a un hombre creyente. Este hombre joven fue maltratado por su padre (lo trataba mal, lo rechazaba y lo golpeaba) desde que era un niño. Él odiaba a su padre a tal punto que se imaginaba y deseaba su muerte. Un día, a la edad de 17 años, su padre murió. Él comenta que se puso contento porque su padre ya no estaba; y por esta razón, ya no iba a recibir más maltratos.

Este hombre estuvo atado a un espíritu de falta de perdón, a tal extremo, que el odio y la amargura contra su padre duró por más de 35 años. Él quiso ser libre de todo esto, y entonces, buscó ayuda. Le ministramos sanidad interior y liberación, y el Señor Jesús, quien pagó en la cruz del Calvario por sus pecados, lo hizo libre.

Testimonio 6: La falta de perdón es uno de los grandes problemas que afectan el cuerpo de Cristo, y me atrevo a decir que, en la gran mayoría de los creyentes, existe la falta de perdón. ¿Cómo comienza? Es muy fácil, con una simple ofensa que no perdonamos y que si no tratamos a tiempo, puede llegar a desatar una enfermedad que incluso conlleva a una muerte espiritual que finalizaría en una muerte física.

Brevemente, les contaré uno de los testimonios de falta de perdón que más ha impactado mi vida. Un hombre vino a la iglesia buscando ayuda, recibió al Señor Jesús en su corazón y, posteriormente, pidió una cita para que le ministraran sanidad interior y liberación". Cuando le ministré, resultó ser un hombre que fue maltratado e ignorado por su padre, a la vez abusado sexualmente por un amigo de la familia a la edad de 5 años. Por esta razón, empezó a sentir odio hacia su padre y hacia los hombres. Llegó a ser un drogadicto a temprana edad, con experiencias homosexuales por el odio que le tenía a los hombres, y también porque había perdido toda figura paterna. Debido a esto, el espíritu de falta de perdón que había en él desencadenó otros espíritus que lo oprimían, tales como: espíritu de Pedophilia, bestialismo, fornicación, entre otros. El Señor lo hizo libre de toda falta de perdón y de otras ataduras que había cargado por más de 40 años. Hoy día, es un hombre de Dios que sirve activamente en la obra.

Con este testimonio, podemos ver lo que una simple ofensa puede hacer en la vida de una persona y los espíritus que se pueden desencadenar. Por esta razón, es de vital importancia que seamos ministrados en la sanidad interior y la liberación.

"13Y a vosotros, estando muertos en pecados y en la incircuncisión de vuestra carne, os dio vida juntamente con él, perdonándoos todos los pecados, 14anulando el acta de los decretos que había contra nosotros, que nos era contraria, quitándola de en medio y clavándola en la cruz...". Colosenses 2.13, 14

Conclusión

Podemos concluir que toda falta de perdón comienza con una ofensa, y si no sabemos lidiar con ella inmediatamente, de una semilla puede llegar a formarse un árbol grande, que su final es el odio. También, entendemos que las ofensas son necesarias para nuestro crecimiento espiritual. Cuando somos heridos, nos duele mucho, pero ese dolor nos enseña a madurar espiritualmente. Recordemos que el perdonar no está basado en un sentimiento, sino en una decisión. Cada uno de nosotros tiene que aprender a perdonar de todo corazón. De otra manera, nos enfrentaremos con grandes consecuencias. Si deseamos una vida llena de victoria y de gozo, es necesario que tengamos el perdón como un estilo de vida.

Cuando hablamos de estilo de vida, nos referimos a que tenemos que estar listos a perdonar, sin importar cuán grande sea la ofensa. Debemos estar listos a perdonar cada día, ya sea por la mañana, por la tarde o por la noche. Además, debemos estar listos a perdonar a aquellos miembros de nuestra familia que nos ofendan y a nuestros enemigos. Debemos evitar caer en la trampa del enemigo, así como han caído muchos creyentes, y como resultado de esa caída, ahora sus vidas son miserables, están llenos de tristeza, soledad, amargura y odio. Algunos están muertos porque la amargura los mató. Otros están enfermos, con úlceras, artritis, cáncer y con dolores de estómago por culpa de la falta de perdón en sus corazones.

Nosotros los creyentes no nos podemos dar el lujo de guardar rencor, molestia o falta de perdón en nuestro corazón. Necesitamos perdonar cada día que pasa y perdonar a aquellos que nos ofenden. Recuerde las palabras de Jesús, tenemos que perdonar 490 veces diarias a aquellos que nos ofenden. El perdón debe ser un estilo de vida en nosotros.

"15Mira, yo he puesto delante de ti hoy la vida y el bien, la muerte y el mal; 19A los cielos y a la tierra llamo por testigos hoy contra vosotros, que os he puesto delante la vida y la muerte, la bendición y la maldición; escoge, pues, la vida, para que vivas tú y tu descendencia...". Deuteronomio 30.15, 19

Nadie más puede tomar la decisión de perdonar, excepto usted mismo. Es más sabio e inteligente per-donar, así como lo dice la Biblia:

"19Mejor es humillar el espíritu con los humildes que repartir despojos con los soberbios".
Proverbios 16.19

El perdón es dado a aquellos que no lo merecen.

Bibliografía

Biblia de Estudio Arco Iris. Versión Reina-Valera, Revisión 1960, Texto bíblico copyright© 1960, Sociedades Bíblicas en América Latina, Nashville, Tennessee, ISBN: 1-55819-555-6.

Biblia Plenitud. 1960 Reina-Valera Revisión, ISBN: 089922279X, Editorial Caribe, Miami, Florida.

Diccionario Español a Inglés, Inglés a Español. Editorial Larousse S.A., impreso en Dinamarca, Núm. 81, México. ISBN: 2-03-420200-7 ISBN: 70-607-371-X, 1993.

El Pequeño Larousse Ilustrado. 2002 Spes Editorial, S.L. Barcelona; Ediciones Larousse, S.A. de C.V. México, D.F., ISBN: 970-22-0020-2.

Expanded Edition the Amplified Bible. Zondervan Bible Publishers. ISBN: 0-31095168-2, 1987 – Lockman Foundation USA.

Reina-Valera 1995 - Edición de Estudio, (Estados Unidos de América: Sociedades Bíblicas Unidas) 1998.

Strong James, LL.D, S.T.D., *Concordancia Strong Exhaustiva de la Biblia*, Editorial Caribe, Inc., Thomas Nelson, Inc., Publishers, Nashville, TN - Miami, FL, EE.UU., 2002. ISBN: 0-89922-382-6.

The New American Standard Version. Zordervan Publishing Company, ISBN: 0310903335.

The Tormont Webster's Illustrated Encyclopedic Dictionary. ©1990 Tormont Publications.

Vine, W.E. *Diccionario Expositivo de las Palabras del Antiguo Testamento y Nuevo Testamento.* Editorial Caribe, Inc./División Thomas Nelson, Inc., Nashville, TN, ISBN: 0-89922-495-4, 1999.

Ward, Lock A. *Nuevo Diccionario de la Biblia.* Editorial Unilit: Miami, Florida, ISBN: 0-7899-0217-6, 1999.

NUESTRA VISIÓN

ERJ Publicaciones

*...expandiendo la palabra de Dios
a todos los confines de la tierra*

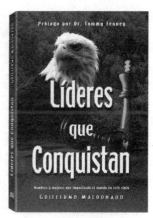

**LÍDERES QUE
CONQUISTAN**
Guillermo Maldonado
ISBN: 1-59272-022-6

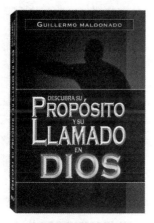

**DESCUBRA SU
PROPÓSITO Y SU
LLAMADO EN DIOS**
Guillermo Maldonado
ISBN: 1-59272-037-4

**EVANGELISMO
SOBRENATURAL**
Guillermo Maldonado
ISBN: 1-59272-013-7

LA FAMILIA FELIZ
Guillermo Maldonado
ISBN: 1-59272-024-2

NUESTRA VISIÓN

ERJ Publicaciones

...expandiendo la palabra de Dios a todos los confines de la tierra

FUNDAMENTOS BÍBLICOS PARA EL NUEVO CREYENTE
Guillermo Maldonado
ISBN: 1-59272-005-6

EL PERDÓN
Guillermo Maldonado
ISBN: 1-59272-033-1

LA ORACIÓN
Guillermo Maldonado
ISBN: 1-59272-011-0

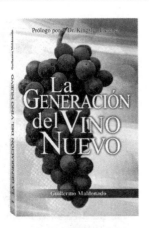

LA GENERACIÓN DEL VINO NUEVO
Guillermo Maldonado
ISBN: 1-59272-016-1

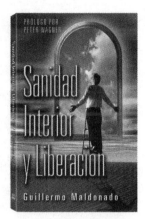

**SANIDAD INTERIOR
Y LIBERACIÓN**
Guillermo Maldonado
ISBN: 1-59272-002-1

LA DEPRESIÓN
Guillermo Maldonado
ISBN: 1-59272-018-8

LA MADUREZ ESPIRITUAL
Guillermo Maldonado
ISBN: 1-59272-012-9

LA UNCIÓN SANTA
Guillermo Maldonado
ISBN: 1-59272-003-X

ERJ Publicaciones

...expandiendo la palabra de Dios
a todos los confines de la tierra

NUESTRA VISIÓN

**CÓMO OÍR LA VOZ
DE DIOS**
Guillermo Maldonado
ISBN: 1-59272-015-3

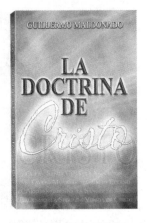

LA DOCTRINA DE CRISTO
Guillermo Maldonado
ISBN: 1-59272-019-6

**LA TOALLA
DEL SERVICIO**
Guillermo Maldonado
ISBN: 1-59272-100-1

**CÓMO VOLVER
AL PRIMER AMOR**
Guillermo Maldonado
ISBN: 1-59272-121-4

ERJ Publicaciones

...expandiendo la palabra de Dios a todos los confines de la tierra

NUESTRA VISIÓN

**EL PODER DE
ATAR Y DESATAR**
Guillermo y Ana Maldonado
ISBN: 1-59272-074-9

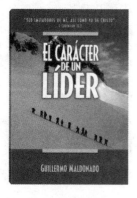

**EL CARÁCTER
DE UN LÍDER**
Guillermo Maldonado
ISBN: 1-59272-120-6

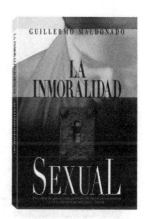

**LA LIBERACIÓN
EL PAN DE LOS HIJOS**
Guillermo Maldonado
ISBN: 1-59272-086-2

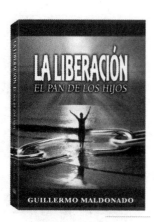

LA UNCIÓN SANTA
Guillermo Maldonado
ISBN: 1-59272-003-X

NUESTRA VISIÓN

ERJ Publicaciones

...expandiendo la palabra de Dios a todos los confines de la tierra

MANUAL DE ESTUDIO PARA GRUPOS FAMILIARES
Guillermo Maldonado
ISBN: 1-59272-148-6

MANUAL DE VIDA
PARA INTERCESORES
Ana Maldonado
ISBN: 1-59272-226-1

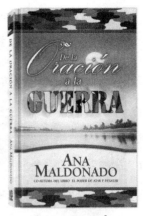

DE LA ORACIÓN A LA GUERRA
Ana Maldonado
ISBN: 1-59272-137-0

DÉBORAS AL FRENTE DE LA BATALLA
Ana Maldonado
ISBN: 1-59272-248-2

EL FRUTO DEL ESPÍRITU
Guillermo Maldonado
ISBN: 1-59272-184-2

¡NECESITO UN PADRE!
Guillermo Maldonado
ISBN: 1-59272-183-4

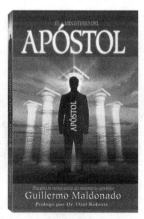

EL MINISTERIO
DEL APÓSTOL
Guillermo Maldonado
ISBN: 1-59272-230-X